BEI GRIN MACHT SICH IHR
WISSEN BEZAHLT

- Wir veröffentlichen Ihre Hausarbeit,
  Bachelor- und Masterarbeit

- Ihr eigenes eBook und Buch -
  weltweit in allen wichtigen Shops

- Verdienen Sie an jedem Verkauf

Jetzt bei www.GRIN.com hochladen
und kostenlos publizieren

Bibliografische Information der Deutschen Nationalbibliothek:

Die Deutsche Bibliothek verzeichnet diese Publikation in der Deutschen National-
bibliografie; detaillierte bibliografische Daten sind im Internet über http://dnb.d-
nb.de/ abrufbar.

Impressum:

Copyright © 2019 GRIN Verlag
Druck und Bindung: Books on Demand GmbH, Norderstedt Germany
ISBN: 9783346105233

Dieses Buch bei GRIN:

https://www.grin.com/document/512369

Jannis Schwierz

Sportmarketing. SWOT-Analyse, Merchandising/Licensing, Digitalisierung und Sponsoring

GRIN Verlag

Deutsche Hochschule für
Prävention und Gesundheitsmanagement
Hermann Neuberger Sportschule 3
66123 Saarbrücken

Einsendeaufgabe

Fachmodul:	Sportmarketing
Studiengang:	Sportökonomie
Datum Präsenzphase:	14.10. – 17.10.2019
Name, Vorname:	Schwierz, Jannis
Studienort:	**Stuttgart**
Semester:	**SS 2018**

Inhaltsverzeichnis

1 SWOT-Analyse TSG Hoffenheim

Nachfolgend werden per SWOT-Analyse zunächst die internen Stärken und Schwächen sowie die Chancen und Risiken auf dem Markt für die TSG 1899 Hoffenheim dargestellt. Hierbei wird die Positionierung der eigenen Aktivitäten gegenüber den des stärksten Mitbewerbers auf dem Markt analysiert (https://wirtschaftslexikon.gabler.de/definition/swot-analyse-52664/version-275782). Ich beziehe mich hier überwiegend auf die Fußball-Sparte des Vereins.

1.1 Stärken und Schwächen

Tab. 1: Stärken-Schwächen-Analyse der TSG Hoffenheim, eigene Darstellung

Stärken	Schwächen
Jugendarbeit	Finanzielle Abhängigkeit von Investor Dietmar Hopp
Großes öffentliches Interesse durch unerwarteten sportlichen Erfolg	Geringer Bekanntheitsgrad, insbesondere international
Standort des Vereins, Infrastruktur	Negatives Image gegenüber Traditionsvereinen

Stärken

Maßgebender Erfolgsgarant der TSG Hoffenheim ist gerade im Bereich Fußball schon seit geraumer Zeit ein durchdachtes Konzept in der Jugendarbeit. Die Teams aus der Jugendakademie konnten schon zahlreiche Erfolge feiern, unter anderem die B-Jugend-Meisterschaft 2008, die A-Jugend-Meisterschaft 2014 und der Einzug in die Top 4 der Jugend-Champions-League im Jahr 2019.

Die TSG-Akademie besteht aus 3 Zentren. Im Grundlagenzentrum erfolgt die Ausbildung von Kindern im Alter von bis zu 13 Jahren. Neben fußballerischen und athletischen Eigenschaften sollen hier auch Persönlichkeitsaspekte wie Eigenverantwortung und Teamfähigkeit erlernt werden.

In der Akademie-Arena sind junge Spieler im Alter von 14-16 Jahren zuhause. In dieser „Zwischenstufe zum Hochleistungssport" soll Gelerntes weiter vertieft und intensiviert werden. Außerdem wird hier besonderer Wert auf Athletik sowie die Psyche der Spieler gelegt, da sie sich in ihrem Alter körperlich und charakterlich meist stark entwickeln. Dritte Stufe der Jugendakademie ist das Leistungszentrum. Von der U17 bis zu U19 werden die Spieler hier in sämtlichen Lebensbereichen unterstützt und weitergebildet. Die Aufmerksamkeit fällt hier neben dem Fußball auch auf die schulische Leistung, da die Spieler in diesem Lebensalter meist parallel einen Schulabschluss anstreben. Die TSG bietet dementsprechend Förderunterricht an, um die Spieler auf ihre schulischen Prüfungen vorzubereiten. Außerdem findet hier individuelles Technik-, Athletik-, Kraft- und Psychologie-Training statt, um aus den jungen Spielern bundesligataugliche Profis zu machen (https://www.achtzehn99.de/assets/Downloads/Akademie/450347c0f5/TSG-Akademie-Imagebrosch-201819.pdf).

Darüber hinaus profitiert der Verein vom großen öffentlichen Interesse, das sich vor allem während des rasanten sportlichen Aufstiegs von 2006 bis 2009 gebildet hat. Hier stieg die TSG zwei Saisons hintereinander direkt auf und war binnen 3 Spielzeiten von der Regionalliga Süd in die deutsche Fußball-Bundesliga gekommen. 2009 wurde ein neues Stadion mit einer Kapazität von 30.000 Plätzen gebaut und ein hochmodernes Trainingszentrum entstand. Mit der finanziellen Unterstützung von Investor Dietmar Hopp im Rücken wurden neben den infrastrukturellen Investitionen auch die finanzielle Mittel für den Fußball größer.

Weitere Stärke des Vereins ist der Standort sowie die infrastrukturellen Voraussetzungen. In der Rhein-Neckar-Region im Bereich Sinsheim stehen mit dem VfB Stuttgart und dem FSV Mainz 05 gerade mal zwei Konkurrenten. Gegenüber dem VfB hebt sich die TSG vor allem durch sportlichen Erfolg ab. Während der VfB in den vergangenen Spielzeiten bereits zwei Mal abgestiegen ist und momentan in der 2. Fußball-Bundesliga spielt, ist Hoffenheim seit dem Aufstieg 2009 ein konstanter und fester Bestandteil im deutschen Oberhaus. Mainz 05 hingegen spielt zwar sportlich auf ähnlichem Niveau wie die TSG, scheint aber die Begeisterung der Fans nicht so wecken zu können wie die Hoffenheimer: in der aktuellen Saison liegt der Zuschauerschnitt in der PreZero-Arena in Hoffenheim um knapp 4000 Fans höher als der in Mainz; dabei fasst das Mainzer Stadion über 2000 Zuschauer mehr als das in Sinsheim (https://de.statista.com/statistik/daten/studie/556/umfrage/zuschauerschnitt-der-vereine-der-1-bundesliga/).

Schwächen

Grundsätzliche Schwäche der TSG Hoffenheim ist die finanzielle Abhängigkeit von Mäzen Dietmar Hopp. Der 79-jährige ist Mitgründer des IT-Riesen SAP und sieht die TSG als seinen Heimatverein. 1989 steigt er beim Verein ein und gewährt seither finanzielle Unterstützung. Er sponsort das Stadion, sämtliche Leistungs- und Trainingszentren und Spielertransfers. Insgesamt werden seine Investitionen für den Verein auf rund 350 Mio. Euro geschätzt (https://www.swr.de/sport/fussball/1899-hoffenheim/Bundesliga-TSG-1899-Hoffenheim,30-jahre-hopp-100-100.html). Ohne Dietmar Hopp stände Hoffenheim niemals in der Bundesliga, so auch Präsident Peter Hoffmann. Außerdem gehören dem Investor 94% der Stimmrechte und 99,9% des Kapitals der TSG. Hieraus ergibt sich als logische Folge eine große Abhängigkeit von den Gunsten des Milliardärs. Noch im Jahr 2015 schrieb Hoffenheim zum Ende der Saison einen Verlust von 18,9 Mio. Euro, der vollständig von Hopp ausgeglichen wurde (https://www.sportschau.de/fussball/bundesliga/tsg-hoffenheim-100.html).

Außerdem hat die TSG weiterhin mit ihrem Bekanntheitsgrad, in der Bundesliga und insbesondere im internationalen Geschäft, zu kämpfen. Eine Umfrage aus dem aktuellen Jahr besagt, dass rund 55 Mio. Menschen (>14 Jahre) die TSG Hoffenheim, rund 16 Mio. Menschen nicht. Der VfB Stuttgart ist rund 6 Mio. Menschen mehr bekannt (de.statista.com). Eine Studie bestätigt diese Aussage: im Jahr 2016 lag die Bekanntheit der TSG bei rund 83% in Deutschland und somit im Vergleich mit allen Teams der höchsten beiden deutschen Spielklassen nur auf Rang 25 (David M. Woisetschläger, Christof Backhaus, Jan Dreisbach 2016). Dieselbe Studie legt dar, dass die TSG in der Saison 15/16 weniger TV-Gelder zugeteilt bekam als Mainz 05.

Auch bei den Trikotverkäufen spiegelt sich dies wider: während nach der Herbstmeisterschaft in der Saison 2008/09 die Trikots der TSG deutschlandweit vergriffen waren, landete Hoffenheim in der Saison 2018/19 im Ranking der Trikotverkäufe auf dem vorletzten Rang, trotz der sportlichen Erfolge (https://www.soccerdrills.de/magazin/profifussball/artikel/traditionsvereine-vs-sportlicher-erfolg/).

Darüber hinaus hat die TSG nach wie vor ein Image-Problem. Der Verein besteht seit 120 Jahren, spielt allerdings erst seit rund 10 Jahren in der Fußball-Bundesliga; und das auch größtenteils den Geldern Dietmar Hopps zu Dank. Bei einer Umfrage 2018 gaben nur etwa 9 Prozent der Befragten an, die TSG für einen „authentischen Verein" zu halten. Beim VfB waren es im selben Jahr 15 Prozent, bei Mainz 05 gar 20 Prozent. Auch andere Vereine, hinter denen ein großer Sponsor steht, wurde in dieser Umfrage mehr Sympathie zugesprochen (RB Leipzig 10%, Bayer Leverkusen 13%). Als sogenannter „Plastikclub" ist die TSG der heftigen Kritik vieler Fangruppen von Traditionsvereinen (Borussia Dortmund, 1. FC Köln etc.) ausgesetzt. Im Ranking der Frage, ob die TSG „sehr sympathisch" sei, belegt der Verein mit rund 52% Rang 32 von 36, beim Thema „sehr gut" Rang 28 und in Sachen „Attraktivität" auch nur Rang 31. Der VfB Stuttgart und Mainz 05 befinden sich in fast allen Rankings deutlich weiter oben als die TSG Hoffenheim (David M. Woisetschläger, Christof Backhaus, Jan Dreisbach 2016)

1.2 Chancen und Risiken

Tab. 2: Chancen-Risiken-Analyse für die TSG Hoffenheim, eigene Darstellung

Chancen	Risiken
Steigende Ablösesummen für junge Spieler	Verlust von Investor Dietmar Hopp
Qualifikation für internationale Wettbewerbe	Abgang von Spielern
Interesse von Sponsoren/Firmen im Umkreis	Bindung von Mitgliedern gegenüber der Konkurrenz

Die TSG Hoffenheim profitiert sowohl sportlich als auch finanziell von ihrer hervorragenden Jugendakademie. Rund 20% der Jugendspieler schaffen den Sprung in die Top-Ligen Deutschlands und Europas (https://www.achtzehn99.de/aktuelles/news/2018/02/tsg-akademie-20-prozent-der-talente-wurden-profis/). Durch die immer höher werdenden Ablösesummen, gerade für junge talentierte Spieler, kann Hoffenheim immer wieder hohe Gewinne durch Spielerverkäufe generieren. In der aktuellen Transferbilanz wurde ein Plus von knapp 87 Mio. Euro nur durch Spielerverkäufe erzielt. Auch in den Jahren zuvor konnten konstant Gewinne verbucht werden. In fast jeder Saison wurden entweder billig eingekaufte Spieler teuer weiterverkauft (bspw. Roberto Firmino, gekauft für 4 Mio. Euro, verkauft für 41 Mio. Euro) oder Talente aus den eigenen Reihen ins Profiteam hochgezogen, um sie dann mit hohem Gewinn abzugeben (bspw. Niklas Süle, aus der Jugendakademie gekommen, für 20 Mio. Euro verkauft). Außerdem kann die TSG ihren Bekanntheitsgrad und ihre Mitgliederzahl erhöhen sowie ihr Image verbessern, wenn man sich für internationale Wettbewerbe qualifiziert. Mit knapp 11.000 Mitgliedern gehört der Verein zu den mitgliederschwächsten Vereinen in der ersten und zweiten Bundesliga.

Dritte Chance besteht im B2B-Bereich der TSG. Mit wachsendem sportlichem Erfolg steigt auch das Interesse regionaler und internationaler Firmen, die als Sponsor infrage kommen. Mit SAP hat die TSG bereits ein international renommiertes Unternehmen als Sponsor gewonnen, hat dies aber sicherlich Mitgründer Dietmar Hopp zu verdanken. Hier herrscht riesiges Potential für die TSG.

Ein großes Risiko, das sich aus der oben thematisierten Abhängigkeit von Dietmar Hopp ergibt, ist dessen Verlust. Der Milliardär hat bereits Pläne geäußert, seine Verantwortlichkeit an seinen Sohn Daniel Hopp übergeben zu wollen. Somit bliebe der Verein zwar in der Familie Hopp, Daniel Hopp scheint allerdings größeres Interesse für die Eishockey-Sparte als für den Fußball zu hegen (https://www.handelsblatt.com/sport/fussball/tsg-1899-hoffenheim-daniel-hopp-will-vater-dietmar-beerben/11206218.html). Hiermit läuft die Fußballabteilung der TSG Gefahr, Gelder zu verlieren, auf die man angewiesen ist. Weiteres Risiko besteht bei der TSG schon immer im Abgang von Leistungsträgern und qualitativ hochwertigen Spielern. Was sich finanzielle kurzfristig allemal lohnt, kann auf Dauer Einbußen im sportlichen Erfolg, aber auch bezüglich des Images und die Beliebtheit bei den Fans nach sich ziehen. Um Erfolge sowohl national als auch international feiern zu können, muss fußballerische Qualität vorhanden sein und auch gehalten werden. Gelingt dies nicht, werden größere Vereine aus der Bundesliga, aber auch aus der Premier League etc. die Topspieler der TSG konsequent abwerben.

Das vielleicht größte Risiko ist der Verlust von Fans und Mitgliedern, aber auch von Sponsoren an die Konkurrenz, insbesondere den VfB Stuttgart. Als Traditionsverein haben die Schwaben schon seit vielen Jahren hohe Mitgliederzahlen und treue Fans. Ein Aufstieg zurück in die erste Bundesliga scheint für einen Verein wie den VfB nur eine Frage der Zeit. Tritt dies ein, steht der TSG ein scheinbar übermächtiger Konkurrent in Sachen Mitglieder, Akzeptanz und Marktgebiet gegenüber.

1.3 SWOT-Matrix

Tab. 3.: SWOT-Matrix für die TSG Hoffenheim, eigene Darstellung

	Chancen	Risiken
Stärken	*S-O-Strategien*: -weitere Investition in Jugendarbeit	*S-T-Strategien*:

	-durch öffentliches Interesse neue Sponsoren locken	-öffentliches Interesse nutzen, um sich von konkurrierenden Vereinen abzugrenzen -Gewinn durch Jugendakademie nutzen, um Abgang von Leistungsträgern abzuwenden
Schwächen	*W-O-Strategien:* -Image aufbessern, um Mitgliederzahl zu steigern und Sponsoren zu gewinnen -Bekanntheitsgrad erhöhen, um eigene Spieler teuer verkaufen zu können	*W-T-Strategien:* -Image aufbessern durch passendes Personal -neue Investoren beschaffen

S-O-Strategien

Die TSG muss weiterhin auf die Jugendarbeit setzen und die Jugendakademie langfristig modernisieren. Außerdem muss im nationalen und internationalen Bereich auf die talentierten Jugendspieler aufmerksam gemacht werden. Durch Teilnahmen an international bekannten Jugendturnieren, wie dem jährlich stattfindenden Mercedes Benz Junior Cup in Sindelfingen, kann die TSG ihre Talente der Öffentlichkeit sowie den Scouts europäischer Top-Clubs vorstellen. Sobald diese Spieler in den Profikader aufsteigen, vervielfacht sich ihr Marktwert meist rasend schnell, woraus die TSG wiederum hohe Einnahmen erzielen kann.

Außerdem wäre es für die Kraichgauer von Vorteil, das öffentliche Interesse sowie die eigene Medienpräsenz zu nutzen, um regionale Sponsoren zu gewinnen. Über Social Media oder mithilfe von Marketing und Promo-Aktionen in den Großfirmen der Rhein-Neckar-Region neue Partner an Land zu ziehen.

S-T-Strategien

Um mit der Konkurrenz – insbesondere dem VfB – mithalten zu können, muss die TSG die eigenen Mitglieder binden und eine klare Marke schaffen, um sich gezielt zu positionieren und von den Stuttgartern abzugrenzen. Das Image des „SAP-Clubs" loszuwerden, wird gerade national ein langer Weg, allerdings kann die TSG das regionale Interesse und ihren Status als Dorf-Club nutzen, um eine Identifizierung mit den eigenen Fans zu kreieren. Der Großteil der rund 10.500 Mitgliedern ist vermutlich aus dem Raum Sinsheim. Hier muss man den Fokus legen und mit Öffentlichkeitsarbeit, Events (Tag der offenen Tür), Sponsoring von Veranstaltungen, öffentlichen Trainings sowie Autogrammstunden für die Fans die eigene Marke aufbauen und verbreiten. Nur so lassen sich langfristig Mitglieder binden und das Image aufpolieren.

Viele Spieler, vor allem Leistungsträger, winkt bei anderen Vereinen meist ein hohes Gehalt. Die Gehälter für Profifußballer steigen ins Unermessliche und sind dementsprechend ein durchaus relevanter Faktor, was die Vereinswahl angeht. Um dem Abgang ihrer Stars aufgrund von finanziellen Gründen entgegen zu wirken, muss die TSG wieder auf die eigene Jugendarbeit zurückgreifen. Durch hohe Ablösesummen für Eigengewächse bieten sich dem Verein größere finanzielle Mittel, um gestandene Spieler mit neuen Verträgen auszustatten. Dies erhöht wiederum die Chance auf sportlichen Erfolg und damit einhergehend die Attraktivität des Vereins.

W-O-Strategien

Die TSG muss es als unmittelbares Ziel ansehen, das eigene Image aufzubessern. Somit steigt die Akzeptanz der Fußballfans des ganzen Landes und damit der Bekanntheitsgrad im nationalen und internationalen Geschäft. Hieraus resultieren wachsende Mitgliederzahlen und vor allem hohes Interesse größerer Clubs, da aus einem Dorfverein ein international agierendes Unternehmen wird, das seiner Konkurrenz gewachsen ist. Dadurch kann die TSG die eigene Marke wertsteigern und die eigenen Spieler noch teurer verkaufen.

W-T-Strategien

Auch hier spielt das Image wieder die entscheidende Rolle. Die TSG muss kluge Personalentscheidungen treffen, um bei den Anhängern zu punkten. Mit Ralf Rangnick und vor allem Julian Nagelsmann waren zwei Erfolgsgaranten an der Seitenlinie, die die Mannschaft dorthin geführt haben, wo sie sportlich jetzt steht. Beide haben ihren Posten oder

den Verein gewechselt. Nach der Ära Rangnick sowie jetzt in der Saison nach Nagelsmann gab es immer wieder inkonstante Phasen und Misserfolge, was sicherlich nicht zur
Beliebtheit des Vereins beigetragen hat.

Außerdem muss der Verein neue Investoren für sich gewinnen. Der Verlust / Tod von
Dietmar Hopp könnte weitläufige negative Folgen haben, die nur schwer aufzufangen
sind. Falls der Sohn des Milliardärs tatsächlich die Anteile an der TSG bekommt und sich
weitestgehend auf eine neue Sportart fokussiert, gehen die großen finanziellen Mittel
langsam aus, solange keine neuen Unternehmen/Investoren sich an der TSG 1899 betei-
ligen.

2 Merchandising und Licensing

2.1 Wer

Es findet ein komplettes Merchandising in Eigenregie durch den Volleyballverein statt
und es werden keine Dritten hinzugezogen. Hierbei besteht zwar eine niedriger Entlas-
tungsgrad, allerdings kann der Verein selber bestimmen, welches Sortiment für die Zielgruppe passend ist und ist somit direkter für Feedback erreichbar.

2.2 Was

-primärer Bezug zum Spielgeschehen: **Jubiläumstrikot**, Design angelehnt an die ersten
Vereinstrikots des Profiteams vor 30 Jahren; ein **Volleyball** mit Logo und Farben des
Vereins anlässlich des Jubiläums (Breitensport)

-primärer Bezug zum Stadiongeschehen: **Limitierte Schals** mit den Namen der Spieler
der Profiteams oder auf Wunsch gegen Aufpreis mit Bestickung des eigenen Namens der
Fans; **Retro-Trainingsanzug** in Vereinsfarben

-primärer Bezug zum Alltag der Fans: **Handyhüllen** in Vereinsfarben; **Set** aus Federmappe (vom Profiteam unterschrieben), Kugelschreiber, Bleistift, Radiergummi und Li-
neal in Vereinsfarben

Alle Kleidungsstücke sind in Kinder- und Erwachsenengrößen verfügbar. Die Artikel unterliegen keiner Sortimentsarchitektur, da es alles Anlassartikel sind, die nur für einen gewissen Zeitraum zu erwerben sind.

2.3 Wem

-Volleyball-Fans, die möglichst selber im Freizeitsport aktiv sind, bis 50 Jahre
-Schulkinder und deren Verwandte

2.4 Preise und Konditionen

-Jubiläumstrikot: Penetrationspreispolitik, da Trikots der meistverkaufte Fanartikel sind und sämtliche Personen in den Zielgruppen ansprechen, möglichst hohe Absatzmenge durch relativ geringen Preis: 29,99€
-Volleyball: Marktpreisstrategie, da es viele weitere ähnliche Artikel auf dem Markt gibt und man hier nicht mit dem Preis argumentiert, sondern mit dem einzigartigen Design. Außerdem handelt es sich um einen für den Breitensport vorgesehenen Ball: 12,99€
-limitierte Schals: Abschöpfungspreispolitik, da hier gerade zu Beginn möglichst viele verkauft werden sollen, Schals gehören zum Wettkampfbesuch: 13,99€, Aufpreis für individuelle Bestickung: 4€
-Retro-Trainingsanzug: Premiumpreispolitik, qualitativ hochwertiges Produkt mit alltagstauglichem Design, steht für Exklusivität, Zielgruppe vorwiegend Best Ager: 79,99€
-Handyhüllen: Penetrationspreispolitik, da es ein Produkt ist, das Personen jeden Alters anspricht und somit eine riesige Zielgruppe hat, vor allem auch Schulkinder: 4,99€
-Set aus Federmappe etc.: Abschöpfungspreispolitik, da die Aktion zeitgleich mit Schuljahres- und Semesterstart stattfindet, und hier die Nachfrage zunächst sehr hoch sein wird, im Laufe der Zeit lässt die Nachfrage nach: 14,99€

Anlässlich des 30-jährigen Jubiläums bekommen Käufer ab einem Einkaufswert von 49€ einen Rabatt von 30% auf den gesamten Einkauf.

2.5 Kanäle

-Eigenvertrieb im Vereinsheim und online, da hier die Zielgruppe deutlich effektiver ansprechbar ist als über Fremdvertrieb

2.6 Begleitmaßnahmen

-Werbung in der Vereinszeitschrift, die für alle Mitglieder kostenfrei in Papierform sowie digital zur Verfügung steht

-Vermarktung über Social Media, Werbefotos auf Instagram mit Links direkt in den Shop

2.7 Zeitraum

Das Merchandising-Sortiment ist für 3 Monate verfügbar und beginnt 1 Monat vor Start in die neue Saison.

3 Digitalisierung

3.1 Hypothetischer Verein

Tab. 4: Parameter Hypothetischer Jugendverein, eigene Darstellung

Vereinsangebot	Breiten- und Leistungssport Fußball, Basketball, Handball
Mitgliederzahl	6500
Anzahl bezahlter Mitarbeiter	50
Anzahl ehrenamtlicher Mitarbeiter	25

3.2 Zielgruppen der App

1. Spieler, Trainer, Betreuer des Vereins

Marketingziele: Professionalisierung, Stärkung der weniger beliebten Sparten Basketball und Handball

2. Fans, Angehörige von Spielern, Schiedsrichter

Marketingziele: Erhöhung der Bekanntheit, Steigerung der Mitgliederzahl

3.3 Inhalte der App

Themen	Mehrwert für den Verein	Mehrwert für den User
Übersicht über alle Teams mit Kader, Ergebnissen, Tabellen etc.	Erhöhung des Bekanntheitsgrades, professioneller Online-Auftritt	Schneller Zugriff auf alle wichtigen Daten, Übersichtlichkeit
Nur für Spieler, Trainer und Betreuer: Kalender mit allen Terminen und zugehörigen Infos	Attraktivität des Vereins steigt, klare Struktur und einfaches Verbreiten von Infos durch die Trainer	Für Trainer: vereinfachte Saisonplanung, einfache Kommunikation mit den Spielern; Für Spieler: keine Fehltermine, schneller Zugriff auf Informationen
Nur für Mitglieder des Vereins: Live-Ticker und In-Match-Videos mit Highlights aus Spielen, Blog mit Aktuellem und einem Diskussionsforum	Mitgliedschaft stellt etwas Besonderes dar, Verbreitung auf Social Media durch Videos; Direkte Kommunikation mit Mitgliedern im Blog und dem Diskussionsforum	User verpassen nichts mehr von den Spielen, selbst wenn sie nicht live dabei sind; Teilen von Videos auf Social Media sorgt für gutes und modernes Image; Über Diskussionsforum können Mitglieder ihre Anliegen ansprechen
Tippspiel für alle User: die User können jeden Spieltag die Ergebnisse tippen und einen 5€ Gutschein für ein Partnerrestaurant des Vereins gewinnen. Der beste Tipper der Saison gewinnt eine Dauerkarte für alle Ligaspiele des Profiteams in der Sportart seiner Wahl	Anzahl der User steigt durch Chance auf Gewinn; effektive Zusammenarbeit mit Partnerrestaurant, attraktives Auftreten für weitere eventuelle Partnerunternehmen; langfristige Bindung von Mitgliedern	Jede Woche Gewinnchancen, App bietet Spaßfaktor und ein Miteinander

3.4 Chancen und Risiken der Vereins-App

Chancen

-Optimierung von Arbeitsprozessen: schnelle Verbreitung von Informationen, sowohl für Anhänger (Spielplan, Ergebnisse etc.) als auch für Spieler/Trainer/Betreuer (Termine, Aufstellung, Fehleranalysen nach Spielen etc.)

-Interaktion und Identifikation: Mitglieder können sich viel besser mit dem Verein identifizieren: App bietet alles, was Anhänger benötigen. Außerdem vereinfacht sich der Dialog zwischen Verein und Fans. Die Mitgliederzahl steigt und diese werden langfristig gebunden

Risiken

-Datensicherheit: Bildmaterial muss geschützt werden, persönliche Daten dürfen nicht an Dritte gelangen, bspw. die Daten der Tippspiel-Teilnehmer; „geheime" Daten und Kommunikation zwischen Trainern und Spielern kann an die Außenwelt gelangen
-Konkurrenz: gerade im Fußball-Bereich gibt es bereits gestandene Apps, die auch den Amateurfußball abdecken (bspw. App von „fussball.de"), App droht zu floppen, wenn die anvisierte Zielgruppe auf bestehende Apps zurückgreift

3.5 Erhöhung des Bekanntheitsgrades

-Werbebanner an der Bande der Spielfelder anbringen, um gesamtes Publikum (=Zielgruppe) auf die App aufmerksam zu machen
-Tippspiel auf Instagram und Facebook vermarkten und mit direktem Link zum App-Download versehen
-als Start-Angebot: die ersten 100 Downloads erhalten die Chance, einen 20€ Gutschein für das oben genannte Partnerrestaurant zu gewinnen
-Versammlung für alle Mitglieder und Anhänger einberufen, auf der die App von den Entwicklern sowie dem Vereinsvorstand vorgestellt wird

4 Sponsoring

Beim nachfolgenden Sponsoring handelt es sich um Event-Sponsoring, also das „Marketing bei Veranstaltungen". Das Unternehmen nutzt das Event, um mittels Werbeträgern

Kommunikationspolitik zu betreiben, um Bekanntheitsgrad und Image der eigenen Marke sowie Produkte zu erhöhen bzw. verbessern (vgl. http://www.wirtschaftslexikon24.com/e/event-sponsoring/event-sponsoring.htm).

4.1 Fiktives Unternehmen

Produkte

-qualitativ hochwertige Outdoor-Kleidung „Made in Germany", Spezialisierung auf Mulitfunktionsjacken, Thermokleidung und witterungsfeste Wander- und Laufschuhe

Zielgruppe

-Wanderer, Radfahrer, Läufer

-18-49 Jahre alt

- Affinität zu hochwertiger Kleidung im höheren Preissegment

Distributionskanäle

-3 Stores in der Region des Standorts des Events

-Online-Versandhandel

Kommunikationsinstrumente

-Online Store

-Katalog

-Social Media Advertising

4.2 Sponsoringprozess

4.2.1 Festlegung der Ziele

-kognitive Wirkung: Erhöhung des Bekanntheitsgrades der Produkte bei der Zielgruppe

-konative Wirkung: Kundenbindung, -treue im B2C-Bereich

4.2.2 Schnittmengenanalyse

-Zielgruppe Event: Läufer im Erwachsenenalter, Breitensportler; Bewohner der Stadt + Umkreis

→ Schnittmenge: Läufer im Erwachsenenalter, Breiten- und Leistungssportler
→ Große Schnittmenge und Zielgruppenaffinität

4.2.3 Konkrete Sponsoring-Einzelmaßnahmen

Das Unternehmen verfolgt die Wissenstransferstrategie, um auf die eigenen Produkte aufmerksam zu machen und die Marke in den Köpfen der Teilnehmer und Zuschauer des Events festzusetzen.

1. Bereitstellung der Läufershirts für die Teilnehmer mit eigenem Logo darauf. Läufer können sich hierdurch von der Qualität der Produkte überzeugen

2. Namensgebung der Läuferparty („Name des Unternehmens"-Läuferparty)

3. Im Bereich des Rahmenprogramms: eigener Stand, an dem die Produkte und deren Nutzen präsentiert bzw. vorgestellt werden. Um Produkteigenschaften zu zeigen, ist am Stand eine Regendusche vorhanden. Hier können Interessenten die Wasserdichte der Produkte testen. Außerdem findet hier ein Gewinnspiel statt

4. Werbebanner und -plakate des Unternehmens im Start- und Zielbereich, Anzeigen im Programmheft sowie in den nachfolgenden Zeitungsberichten,

5. Sponsoring aller Trinkflaschen und Becher, die beim Event verwendet werden: in der Gastronomie sowie der Streckenverpflegung. Auf den Flaschen und Bechern befindet sich das Logo des Unternehmens sowie ein QR-Code, der direkt zum Online-Shop weiterleitet

4.2.4   Erfolgskontrolle

-im Bereich der kognitiven Wirkung: Recall-Tests bei den Teilnehmern des Gewinnspiels, Befragungen, um Bekanntheitsgrad zu prüfen

-im Bereich der konativen Wirkung: Umfrage in den Stores und auf der Homepage, wie die bestehende Kundschaft das Unternehmen sieht und ob die Botschaft bei der Kundschaft angekommen ist

5 Tabellenverzeichnis

6 Literaturverzeichnis

David M. Woisetschläger, Christof Backhaus, Jan Dreisbach (2016): Fussballstu-die_2016. Online verfügbar unter http://www.acurelis.com/system/files/publikatio-nen/Fussballstudie_2016.pdf, zuletzt geprüft am 27.10.2019.

7 Quellenverzeichnis

https://wirtschaftslexikon.gabler.de/definition/swot-analyse-52664/version-275782

https://www.stadionwelt-business.de
https://www.achtzehn99.de/teams/tsg-akademie/philosophie/

https://www.achtzehn99.de/assets/Downloads/Akademie/450347c0f5/TSG-Akademie-Imagebrosch-201819.pdf

https://www.achtzehn99.de/tsg/der-club/historie/

https://de.statista.com/statistik/daten/studie/556/umfrage/zuschauerschnitt-der-vereine-der-1-bundesliga/

https://www.swr.de/sport/fussball/1899-hoffenheim/Bundesliga-TSG-1899-Hoffen-heim,30-jahre-hopp-100-100.html

https://www.sportschau.de/fussball/bundesliga/tsg-hoffenheim-100.html

de.statista.com

https://www.ispo.com/unternehmen/id_78796694/sponsoren-der-bundesliga-clubs-alle-trikots-alle-einnahmen.html

https://www.soccerdrills.de/magazin/profifussball/artikel/traditionsvereine-vs-sportli-cher-erfolg/

https://www.achtzehn99.de/aktuelles/news/2018/02/tsg-akademie-20-prozent-der-ta-lente-wurden-profis/

https://www.handelsblatt.com/sport/fussball/tsg-1899-hoffenheim-daniel-hopp-will-va-ter-dietmar-beerben/11206218.html

http://www.wirtschaftslexikon24.com/e/event-sponsoring/event-sponsoring.htm